Life, Liberty, and the Pursuit of Happiness

Vida, libertad y la búsqueda de la felicidad

KARLA DE LA TORRE, ESQ.

Thank you for joining
me on my pursuit!

This book is dedicated to my beautiful parents without whom I would not be able to be on the pursuit of life, liberty, and happiness.

Este libro está dedicado a mis hermosos padres, sin los cuales no podría estar en la búsqueda de la vida, la libertad y la felicidad.

We deserve more

Just because we are born with less
Doesn't mean we deserve less

Merecemos mas

Solo porque nacemos con menos
No significa que merecemos menos

Preface

Writing this book was many years in the making. My story was dormant for many years but in 2005 I began to gather the courage to speak about what being undocumented means. Since then, my confidence has grown and I now speak about my journey frequently and without fear. I am often reminded of the quote by Marianne Williamson, "We were born to make manifest the glory of God that is within us. It is not just in some of us; it is in everyone and as we let our own light shine, we unconsciously give others permission to do the same. As we are liberated from our own fear, our presence automatically liberates others." As you read, I urge you to become the best version of yourself and go after your goals.

Prefacio

Escribir este libro fue muchos años en la fabricación. Mi historia fue silenciada durante muchos años, pero en 2005 agarre la fuerza para hablar sobre lo que significa ser indocumentada. Desde entonces, mi confianza ha aumentado y ahora hablo sobre mi jornada con frecuencia y sin miedo. A menudo recuerdo las palabras de Marianne Williamson, "Nacimos para manifestar la gloria de Dios que está dentro de nosotros. No solo está en algunos de nosotros; está en todos y cuando dejamos que nuestra propia luz brille, inconscientemente damos permiso a otros para que hagan lo mismo. A medida que nos liberamos de nuestro propio miedo, nuestra presencia libera automáticamente a los demás". Mientras lees, te exhorto a convertirte en la mejor versión de ti mismo/a y que persigas tus objetivos.

Early Years

In 1989, my mom decided to cross the border. We didn't have a life-threatening reason and we didn't face overwhelming poverty. My mom simply wanted a better life for our family. She knew that in Mexico my options would forever be limited.

My dad applied for a tourist visa and because he owned property in Mexico he obtained it easily. My mother could not get one. Her visa was denied THREE TIMES even though she owned her own home and had a successful career as an elementary school teacher. With his visa, my dad immigrated to the United States when I was two. We stayed behind hoping the tourist visa would come. It shouldn't take too long! That's what everyone told us.

Two years later, we were still waiting.

After much preparation, my mom and I embarked on our journey to the United States. My mom was 32 and I was 4. As I get closer to her age, the magnitude of what this decision meant does not escape me. My mom left behind everything she knew including the home she owned, the job she had worked so hard to obtain, her language, customs, and friends. My mom is a bad ass.

Los primeros años

En 1989, mi madre decidió cruzar la frontera. No teníamos una razón que pusiera en peligro nuestra vida y no enfrentamos una pobreza abrumadora. Mi madre simplemente quería una vida mejor para nuestra familia. Ella sabía que en México mis opciones siempre serían limitadas.

Mi padre solicitó una visa de turista y como era dueño de una propiedad en México, la obtuvo fácilmente. Mi madre no pudo conseguir una. Su visa fue negada TRES VECES aunque ella era dueña de su propia casa y tenía una exitosa carrera como maestra de escuela primaria. Con su visa, mi padre emigró a los Estados Unidos cuando yo tenía dos años. Nos quedamos esperando que llegara la visa de turista. ¡No debería tomar mucho tiempo! Eso es lo que todos nos dijeron.

Dos años después, aún estábamos esperando.

Después de mucha preparación, mi madre y yo nos embarcamos en nuestro viaje a los Estados Unidos. Mi madre tenía 32 años y yo 4. A medida que me acerco a su edad, la magnitud de lo que significaba esta decisión no me escapa. Mi madre dejó todo lo que sabía, incluyendo su casa, el trabajo que tanto había trabajado para obtener, su idioma, sus costumbres y sus amigos. Mi madre es una *badass*.

The Seeds Were Planted

"Mija, tu vas a estudiar"
Said *mi abuelita*
And she did
Without *zapatos* and a homemade uniform,
She worked in the fields,
Went to school,
Went home,
And took care of her sibling,
2,
3…4…5…6…7…
*"Mam*á, I want to go to *la secundaria!"*
"Mija, we don't have any money"
*"Mam*á, but I worked so hard!"
"Esta bien, mija we will figure it out."
El camion for three hours a day
Missed the bus?
No choice but to walk
They made the sacrifices
From *la secundaria* to *la normal*
Mi mamá graduated
She became una maestra
The seeds of education were planted

Las semillas fueron plantadas

"Mija, tú vas a estudiar"
Dijo mi abuelita
Y ella lo hizo
Sin zapatos y con uniforme casero
Cada día,
Trabajaba en el campo,
Iba al colegio y regresaba a casa para
cuidar a un 1 hermano,
2,
3...4... 5... 6... 7 ...
"¡Mamá, quiero ir a la secundaria!"
"Mija, no tenemos dinero"
"¡Mamá, pero trabajé tan duro!"
"Esta bien, mija. Lo averigüemos."
El camión tres horas al día
¿Perdío el autobús?
A caminar!
Hicieron los sacrificios
De la secundaria y la normal
Mi mamá se graduó
Mi mamá se hizo una maestra!

I Want More

La vida es más que esto
Work in the fields,
Get pregnant,
Get married,
Take care of the kids
There has to be more
I want more

Quiero mas

La vida es más que esto,
Trabajar en el campo,
Embarazarse,
Casarse,
Cuidar a los niños,
Tiene que ver mas
Yo quiero mas

<u>Magic</u>

She believed in magic
So, she created her own

La magia

Ella creía en la magia
Entonces ella la creó

Maybe

"Let's go to school!" *mi mamá* would say
As soon as I could walk
I went to work with *mamá*
And sat in her class

I learned to "read"
I learned to "write"
"Am I doing it right, *mami*?"
"*Si, mija*"

Maybe that's where it all came from?
Maybe that's when the seed was planted?
Maybe that's why I've always felt at home
in a classroom?

Tal vez

"¡Vamos a la escuela!" Diría mi mamá
Tan pronto como pude caminar
Fui a trabajar con mamá

Y sentada en su clase
Aprendí a "leer"
Aprendi a "escribir"
"¿Lo estoy haciendo bien, mami?"
"Si mija"

¿Tal vez ahi es donde nacio mi amor ?
¿Tal vez eso es cuando la semilla fue plantada?
Quizás por eso siempre me he sentido como en casa
¿en la *escuela*?

Nalgas

Tia bought me a new swimsuit
The kind the girls wear on tv!
Two pieces
So cool
I want to look just like them
I try it on
There's something wrong
My _nalgas_ are covered
I can fix it!
I give myself a wedgie
So excited to show it off
To _toda la familia_!
Ta da!
My mom yells "Karla!"
Lunges at me
"Fixes" my suit
My _nalgas_ are covered
Hmph.

Nalgas

Tía me compró un nuevo traje de baño
¡El tipo que usan las chicas en la tele!
Dos piezas
Guao
Quiero verme como ellas
Lo intento
Pero, algo está mal
¡El traje me cubre las nalgas!
¡Puedo arreglarlo!
Me doy un *wedgie*
Tan emocionada de presumir
¡A toda la familia!
¡Ta da!
Mi madre grita "¡Karla!"
Corre hacia mi
"Arregla" mi traje
Mis nalgas están cubiertas
Hmph.

Mago

There is the cutest little old lady
Her name is *Mago*
She is special to me

Mago and her daughter Bertha
Were my sitters and
They call me their baby

My mommy's mom passed away when I was 4 and
I never got to know my daddy's mommy
But technology is great

Bertha found me and we reconnected!
Now I video chat with Mago
We laugh, cry, and yearn to hug

I am so happy when we speak
But I am reminded of our separation
And what cannot be

Mago

Hay la viejecita más linda
Su nombre es Mago
Ella es especial para mi

Mago y su hija Bertha
Eran mis niñeras y
Me llaman su bebe

La mamá de mi mamá falleció cuando yo tenía 4 años y
Nunca llegué a conocer a la mamá de mi papá
Pero la tecnología es genial

Bertha me encontró y nos reconectamos!
Ahora ago *video chat* con Mago
Nos reímos, lloramos, y anhelamos abrazarnos

Estoy muy feliz cuando hablamos
Pero me recuerda de nuestra separación
Y lo que no puede ser

Si Mi Vida

Potty time is my favorite time
A potty built for a queen
With a play phone attached
To call my *papi*
I love going to the potty
My only connection to *mi papi*
Hundreds of miles away in Los Estados Unidos
We talk,
I tinkle
We laugh,
I poo
I tell him about my day
Mi mami asks, "*¿y que te dice?*"
I tell her,
"He says '*si mi vida, si mi amor*'"

Si mi vida

La hora de ir al baño es mi tiempo favorito
Un orinal para una reina
Con un teléfono de juego
Para llamarle a mi papi
Me encanta ir al baño
Mi única conexión con mi papi
Cientos de millas de distancia en Los Estados Unidos
Hablamos
Yo hago pipi
Reímos
Yo hago popo
Le cuento sobre mi día
Mi mami me pregunta, "¿y que te dice?"
Le digo,
"El me dice 'Si mi vida, si mi amor'"

My Father

Quiet
Strong
Tough
Alone because of love
Alone because of a dream
Alone because of me
The US is full
Of opportunity
Of possibilities
Limitless
So you work
Flip burgers
Wash the floors
Rinse and repeat
80 hours and little sleep
Because of love
Because of a dream
Because of me

Mi padre

Callado
Fuerte
Duro
Solo por amor
Solo por un sueño
Solo por mi culpa
Estados Unidos está lleno
De oportunidad
De posibilidades
Sin límites
Entonces trabajas
Haces hamburguesas
Lavas los pisos
Y todo se repita
80 horas y poco sueño
Por amor
Por un sueño
Por mí

Why Did We Leave?

Opportunity
Dried up
There wasn't a future
For us to get ahead

My mom
A teacher
My dad
A truck driver with a chemistry degree

We weren't
Badly off
We weren't
Fighting for our lives

But the human spirit
Is to grow
The human spirit
Is to find a home

A home
With prosperity
A promise for growth
A promise for opportunity

My mom knew better
She looked for a way up
To give themselves
More

Do we have to be broken?
Do we have to suffer war?
To legitimize our migration
To legitimize our being

Greed,
Gluttony,
Laziness, and Excuses
Are used to justify
Not allowing US to give more

So why did we leave?
Because we
All deserve
More

¿Por qué nos fuimos?

La oportunidad
Se seco
No habia un futuro
Para que nosotros saliéramos adelante

Mi mamá
Una maestra
Mi papá
Un camionero con un título de química

No estábamos
sufriendo
No estábamos
Luchando por nuestras vidas

Pero el espíritu humano
Es crecer
El espíritu humano
Es encontrar un hogar

Una casa
Con prosperidad
Una promesa de crecimiento
Una promesa de oportunidad

Mi mamá sabía mejor
Ella vio al futuro
Para darnos a nosotros
Más

¿Tenemos que sufrir?
¿Tenemos que estar en guerra?
Para legitimar nuestra migración
Para legitimar nuestro ser

Codicia
Glotonería
Huevonesa y excusas
Son usados para justificar
El no permitir dar más

Entonces ¿por qué nos fuimos?
Porque todos
Merecen
Más

The First Crossing

The first crossing
A dream?
A memory?
I'll never know

La primera vez cruzando

La primera vez
¿Un sueño?
¿Un recuerdo?
Nunca lo sabré

With the help of others we got to the border. Our family was reunited!

***

Con la ayuda de muchos logramos llegar a la frontera. ¡Nuestra familia se reunió!

Trajedy/Tragedia

Trajedy

Tragedy soon struck. My grandmother became very ill. Polycystic kidney disease runs in my family and has taken many victims. At 54 my grandmother was the latest victim. When she became ill, my mother's heart broke into a million pieces knowing that she would have to decide between staying in the United States and being present for her mother's burial. She didn't know when we would be together again, but she did what she had to do. My mom put my grandmother's affairs in order and saw her one last time at her funeral.

Trajedia

Pero una tragedia pronto golpeó. Mi abuela se puso muy enferma. La enfermedad renal poliquística corre en mi familia y ha tomado muchas víctimas. A los 54 mi abuela fue víctima. Cuando se puso grave, el corazón de mi madre se rompió en mil pedazos. Ella sabía que tendría que decidir entre quedarse en los Estados Unidos o estar presente en el entierro de su madre. Ella no sabía cuándo volveríamos a estar juntos pero ella hizo lo que tuvo que hacer. Mi madre puso los asuntos de mi abuela en orden y fue una vez más a su funeral.

Lines

When we came
We got in line
Because there was
a line for us to get into
We did everything
We needed to do
Never lied
Never "cut" in line
My parents?
They've waited for 20+ years
Me?
I aged out
They will be saved
I will not

Líneas

Cuando nos vinimos
Nosotros nos esperamos
En línea
Porque habia una línea para nosotros
Hicimos todo bien
Metimos nuestros papeles
Nunca mentimos
Nunca "cortamos" la línea
¿Mis padres?
Han esperado más de 20 años
¿Yo?
Ya no califico bajo ellos
Ellos serán salvados
Yo no lo haré

US

Isn't it ironic?
The acronomyn for the United States is US
Yet we always focus on "I"

NOSOTROS

¿No es irónico?
El acrónimo en ingles para los Estados Unidos es *Nosotros*
Sin embargo, siempre nos centramos en el "yo".

Mamá Corona

I met her as a kid
A memory or a dream?

My sister and I,
We are the flower you planted

We are blossoming
In a sea of darkness

Mamá Corona

La conocí de chiquita
¿Un recuerdo o un sueño?

Mi hermana y yo,
Somos la flores que plantaste

Estamos floreciendo
En un mar de oscuridad

My dad's final goodbye

You never got to say,
"Goodbye"
To the woman who
Brought you
To say, "hello" to the
World

El ultimo adios de mi papá

Nunca pudiste decirle
"Adiós"
A la mujer que
Te trajo
A saludar el mundo

You Shouldn't Have to Choose

You shouldn't have to choose
There should not be a wall
A physical separation
Of the hearts

Children, parents
Tios, tias, primis,
Abuelos and *abuelas*

Love is too great
Love crosses borders
Love cannot be
Separated

No deberías tener que elegir

No deberías tener que elegir
No debería haber una pared
Una separación física
De los corazones

Niños, padres
Tíos, tías, primos,
Abuelos y abuelas

El amor es muy grande
El amor cruza las fronteras
El amor no puede ser
Separado

We came back to the US once more after my grandma's funeral. Again, we crossed the border This time on a raft across the river. God and our guardian angel were watching us because we crossed without any harm to either of us.

***

Regresamos a los EEUU una vez más después del funeral de mi abuela. Nuevamente, cruzamos la frontera. Esta vez en una balsa al otro lado del río. Dios y nuestro ángel guardián nos estaban mirando porque cruzamos sin ningún daño.

The US/Los EEUU

The US

My family settled in San Jose, California. When we arrived, we lived in an apartment with my uncle and a couple other of my aunt's family members. It was a crowded living space but my family was together. My dad worked at Carl's Jr. as a cook and at Lucky's store as a janitor. I remember my mom rubbing ointment on my dad's burns when he would get home late at night. He would get them from his work in the kitchen at the restaurant. After a few months, we had enough money to move out of the apartment and into a studio apartment.

Los EEUU

Mi familia se estableció en San José, California. Cuando llegamos, vivíamos en un apartamento con mi tío y otros miembros de la familia de mi tía. Era un espacio lleno de vida pero mi familia estaba junta. Mi padre trabajaba en Carl's Jr. como cocinero y en la tienda de Lucky como *janitor*. Recuerdo a mi madre atendido urgentemente a las quemaduras de mi padre cuando llegaba a casa tarde en la noche. El se quemaba en su trabajo cuando hacía las hamburguesas. Después de unos meses, tuvimos suficiente dinero para mudarnos del departamento a un apartamento tipo estudio.

Stress

El Es-tress
I know you feel it
Anxiety
Preoccupies your mind
Everything can go wrong
Everything will
It Always
Has
But you can't give up
Gotta keep working
Put food on the table
Give us all that we need
I know it eats you up inside
I wish you could let
The stress
Go
But you can't
You want to
Make it all
Better
So you're silent
When you hurt
And scream
To get it out
At my mom and at me
And it hurts
I wish we could talk and discuss
Instead of erupt
But don't worry
We love you
We will keep appreciating
All that you do

El Estrés

El Es-tres
Yo se que lo sientes
La ansiedad
Y preocupaciones
Todo puede ir mal
Todo
Siempre
Estará mal
Pero no puedes rendirte
Tienes que seguir trabajando
Poner comida en la mesa
Darnos todo lo que necesitamos
Sé que te come por dentro
Desearía que pudieras dejar
El estrés
Atrás
Pero no puedes
Tú quieres
Hacer que todo
Salga bien
Entonces te comes el dolor
Cuando estás lastimado
Y gritas
Para sacar el dolor
Nos gritas a mi mamá y a mi
Y nos duele
Ojalá pudiéramos hablar
En lugar de eruptar
Pero no te preocupes
Te queremos
Y seguiremos apreciando
Todo lo que haces para nosotros

Smile

I see it so infrequently
But there is no
Mistaking it
It's the same smile
That comes to my
Face
We share that in common
And I wish I saw it
More
I know you're proud of me
I know you love me
I just want you to live
To enjoy life
Take pleasure in all of the things and
To love your life

Sonrisa

La veo tan infrecuentemente
Pero no hay
Confundiéndola
Es la misma sonrisa
Que yo
Tengo
Compartimos eso en común
Y quisiera verla
Más
Sé que estás orgulloso de mí
Se que me quieres
Solo quiero que vivas
Que disfrutes la vida
Disfrutes de todas las cosas
Y que ames tu vida

Studio-Living

Living in a studio is fun
Our bed is the size of the room!
For a midnight snack,I take two steps
Sometimes I hide in the closet
And pretend it's my room

I love our home

Mi *mami* and *papi*
Together we are a family
Never apart
Never separated

Vivir en un Studio

Vivir en un estudio es divertido
¡Nuestra cama es del tamaño de la habitación!
Si tengo hambre tomo dos pasos
A veces me escondo en el *closet*
Y finjo que es mi cuarto

Quiero mucho a nuestra casa

Mi mami y papi
Juntos somos una familia
Nunca separados

Elementary School/ La primaria

Elementary School

At our new apartment complex, my mom and I quickly made friends. Glenda, our neighbor was a Caucasian woman who spoke Spanish and took us under her wing. When I was ready for school, Glenda helped my mom register me at the local elementary school. She helped us figure out the bus situation and explained to my parents the process of schooling in the United States.

I love school. In kindergarten I loved learning and spending time with other children. As an only child my life revolved around adults. Reading and writing were my favorites but I was terrible at math.

As I got older, school became more tough but I thrived.

La primaria

En nuestro nuevo complejo de apartamentos, mi madre y yo hicimos amigos rápidamente. Glenda, nuestra vecina, era una mujer blanca que hablaba español y nos tomó bajo su protección. Cuando yo estaba lista para la escuela, Glenda ayudó a mi madre a inscribirme en el kínder. Ella nos enseñó cómo andar en el autobús y le explicó a mis padres el proceso de escolarización en los Estados Unidos.

Me encanta el colegio. En kínder me encantaba aprender y pasar el tiempo con otros niños. Como hija única, mi vida giraba con los adultos. Leer y escribir eran mis favoritas clases, pero era terrible en las matemáticas.

A medida que fui creciendo, la escuela se hizo más difícil, pero prosperé y me encantó.

First Day of School

Mi mamá and *papá* are taking me to
my first day at *la escuela*
"Behave and learn a lot!" Mamá says.
My parents are anxious
They don't know English
But have high hopes for me
This is also the first time I'll be away from them
I'm excited.
Can't wait.
I'm going to make friends!
My parents nervously take me to the classroom
They don't know what to expect
We walk in
And I take off
"Adios!" I say
And I never looked back

El primer día de escuela

Mi mamá y papá
me llevan a mi primer día de la escuela
"Te portas bien y aprendes mucho!" dice mamá.
Mis padres están ansiosos
Ellos no saben inglés
Pero tienen grandes esperanzas para mí
Esta es también la primera vez que estaré lejos de ellos
Estoy emocionada
No puedo esperar
Voy a hacer amigos!
Mis padres nerviosamente me llevan al salón de clases
No saben qué esperar
Entramos
y me despego
"¡Adiós!" les digo
Y nunca miró hacia atrás

Pretty Girls

"Karla Fabiola De La Torre"
"Fabiola!"
"You think you're FABulous!"
Pretty girls have names like
Stephanie
Elizabeth
Katie
Pretty girls have their straight hair pulled back with a
headband
Pretty girls wear jelly sandals and Keds shoes when they play
Pretty girls have their parents bring cupcakes on their
birthday
Mi mami always makes me a *trenza* or *chongo*
Mi mami won't let me wear *zapatos de plastico*
What are "cupcakes"?
I want to be a pretty girl

Las chicas bonitas

"Karla Fabiola De La Torre"
"Fabiola!"
"Crees que eres FABulosa!"
Las chicas bonitas tienen nombres como
Stephanie
Elizabeth
Katie
Las chicas bonitas tienen el pelo lacio y se lo recogen con una
diadema
Las chicas bonitas llevan sandalias de *jelly* y zapatos *Keds*
cuando juegan
Las chicas bonitas hacen que sus padres traigan *cupcakes* para
su cumpleaños
Mi mami siempre me hace una trenza o chongo
Mi mami no me deja usar zapatos de plástico
¿Qué son "*cupcakes*"?
Quiero ser una chica bonita

Alphabetize

Second grade
I'm super smart
I know *el ingles*
I speak *el ingles*
I love *el ingles*
I'm good at it too
I get a worksheet
It says,
"Alphabetize the following words."
I don't know what that means
A strange word
I ask the teacher
She says, "Put the words in alphabetical order."
Ohhhh, okay!
I start!
First word,
"Classroom"
Wow
"A" goes first
"C" is next
"L"
"M"
Two "O's"!
"R"
Two "S's"!
ACLMOORSS
Wow, it takes a long time!
I do 5 more
Teacher says
"5 more minutes"
Shock, anxiety, and fear
I'm not even halfway!
This never happens
"Ms. Viskovitch! I can't finish!"
She comes over,
Kindly laughs,
"You're so smart! But this is another way to alphabetize…."
Oh.

Alfabetizar

Segundo grado y soy súper inteligente
Yo se el ingles
Yo hablo el ingles
Amo el ingles
Obtengo una hoja de trabajo
Dice así, "Alfabetiza las siguientes palabras".
No sé lo que eso significa alfabtizar
Una palabra extraña
Le pregunto a la maestra
Ella dice, "Pon las palabras en orden alfabético."
Ohhhh, ¡está bien! ¡Empiezo!
Primera palabra,
"CLASSROOM"
Guau
"A" va primero
"C" es el siguiente
"L"
"M"
¡Dos "O's"!
"R"
¡Dos "S's"!
Más complicado …
Guau
¡Toma mucho tiempo!
Yo hago 5 más
Le digo a la maestra
"5 minutos mas"
Sorprendida, ansiosa, y asustada
¡Ni siquiera estoy a la mitad!
Esto nunca sucede
"Sra. ¡Viskovitch! No puedo terminar! "
Ella viene,
Amablemente se ríe,
"¡Tu eres tan inteligente! Pero esta es otra forma de alfabetizar … "
Oh.

Guilt

"Do you speak English?"
"Can your daughter translate?"
Mija, diles que vamos a pagar en cash
Diles que me duele el pecho
Pregunta cuanto tiempo mas
Ordena un es-pah-ghe-tti
Doctor's offices
El DMV
La *tienda*
On the bus, at restaurants, strange office buildings
Everywhere
The the duties become serious
Drive mom to dialysis,
Read the transplant handbook,
Fill out immigration documents
No time for fear
But I feel so guilty
When I enjoy myself
Taking trips
Doing really cool things
But you want the best for me
And I must take advantage
I cannot feel guilty
For doing what makes me happy
You don't want me to feel guilty
Of what you came here to give me
So I acknowledge the guilt and move forward
Recognize and let it go
Without guilt comes freedom
And the ability to grow
Only then can I take advantage
Of the sacrifices you made

La Culpa

"¿Habla usted Inglés?"
"¿Puede tu hija traducir?"
"Mija, diles que vamos a pagar en efectivo."
"Diles que me duele el pecho."
"Pregunta cuanto tiempo mas va hacer."
Ordena un *es-pah-ghe-tti*"
Consultorios médicos
El DMV
La tienda
En el autobús, en los restaurantes, extraños edificios de oficinas.
En todos lados
Los deberes se vuelven mas serios.
Llevar a mamá a diálisis,
Leer el manual de trasplante,
Llenar los documentos de inmigración
No hay tiempo para tener miedo
Pero me siento tan culpable
Cuando me divierto
Haciendo viajes
Haciendo cosas realmente geniales
Pero quieren lo mejor para mi
Y debo aprovechar
Y no sentirme culpable
Por hacer lo que me hace feliz.
No quieren que me sienta culpable
Porque ustedes vinieron para darme mas
Así que reconozco la culpa y sigo adelante.
Reconociendola y dejandola ir
Sin culpa viene la libertad
Y la capacidad de crecer
Solo así podré aprovechar
De los sacrificios que han hecho

Books

I was an only child
Who grew up around adults
But I was alone
And I wanted more

So I dove into books
Checking out
10-20
At a time!

Librarians never believed
When I completed their
Summer challenge of 10 books
In a week

Babysitters
and their clubs
And my bible,
Harry Potter

Books opened up my world
Made me thirsty for more
Taught me that I could
Have it all

Los libros

Yo era hija unica
Por mucho tiempo
Crecí alrededor de los adultos
Y me hice sabia

Pero queria mas
Así que me envolvi en los libros
Sacando de la biblioteca
10-20 a la vez!

Los bibliotecarios nunca creian
Cuando terminaba su
Reto de verano de leer 10 libros
En una semana

Niñeras
y sus clubs
Mi biblia,
Harry Potter

Libros abrieron mi mundo
Me dieron sed de mas
Me enseñaron que yo podía
Tenerlo todo

6th Grade

My class is full of
Hernandez's
And Lopez's
So many brownies
Kids who look like me
Live like me
And we're all bilingual
"Is Karla here?"
"Yes."
"I need to do some tests with her."
I sit out outside with a nice lady and
She tells me to read out loud the words
"Passive"
"Eloquent"
"Flummoxed"
And a hundred more...
"Honey, are you ESL?"
"I don't know what that means."
"Is English your second language?"
"Yes."
"You read very well."
"Thank you."
"You should be in a different class."
"Oh."
99th percentile
They tell me I did better
Than 99%
Of those in my grade
I am proud
I am happy
I did a good thing
I think...
They change my classes
I'm very
Confused
Why?
I always did good
I always worked hard
Why did they assume?
What had I missed out on?

Sexto año

Mi clase está llena de
Hernández's
Y Lopez's
Tantos *brownies*
Niños que se parecen a mí
Niños que viven como yo y
Somos todos bilingüe
"¿Está Karla aquí?"
"Sí."
"Necesito hacerle algunas preguntas a ella".
Me siento afuera con una señora agradable
Ella me dice que lea
En voz alta las palabras
"Pasivo"
"Elocuente"
"desconcertada"
Y un centenar más …
"Cariño, ¿eres *ESL*?"
"No sé lo que eso significa".
"¿El inglés es tu segundo idioma?"
"Sí."
"Leíste muy bien".
"Gracias."
"Deberías estar en una clase diferente".
"Oh."
El percentil 99
Me dicen que hice mejor
Más del 99%
De aquellos en mi grado
Estoy orgullosa
Yo estoy feliz
Hice algo bueno
Yo creo…
Cambian mis clases
Estoy muy
Confusa
¿Por qué?
Siempre hice bien en el colegio
Trabaje duro
¿Por qué asumieron?
¿Y que fue que perdí?

Perseverance

Everything I learned
I learned from them
Mis *papis* taught me
To go after what I want
In 5th grade my mom
Convinced my dad
"We're going to get
better jobs"
"But how? There is no time.
I work two jobs!"

"*Si*
Se
Puede"
My mom said

And they did
They went to night school
Did their practice at the hospital
While I was babysat
Studied long into the night
Flashcards galore

I was their blood pressure practice doll
Barely knowing English
Barely knowing how
They taught me
The American Dream

La perseverancia

Todo lo que aprendí he aprendido
De Ellos
Mis papis me enseñaron
A perseguir lo que yo quiera
En 5° grado mi mamá
Convencio a mi papá
"Vamos a buscar
Mejores trabajos"
"¿Pero como? ¡No hay tiempo!
Trabajo dos turnos!"

"Si
Se
Puede"
Mi mamá dijo

Y lo hicieron
Fueron a la escuela
Y hicieron su practica por la noche
Mientras a mi me cuidaban
Estudiaban hasta tarde en la noche
Tarjetas de vocabulario en abundancia

Yo era su muñeca de practica
Apenas sabían inglés
Apenas sabían cómo
Ellos me enseñaron como obtener
El Sueño Americano

8th Grade

Middle school
I wanted to be
Cool, accepted,
Like everyone else
The year...
I became a four-eyes
Reached 200 pounds
Battled with hyperhydrosis and stuttered through
presentations
Yet, I kept trying
Smart. Hopeful.
And dreaming of tomorrow
California Governor Scholar
Awardee for "Having a Spirit that Shines"
Funny, silly, and kind
If I could go back
I'd tell myself
Hold on
Hang tight
It gets better

El octavo año

Middle School
Yo quería ser
Cool, aceptada,
Como todos los demás
El año…
Que me prescribieron lentes
Que llegue a pesar 200 lbs.
Que luche contra el hiperhidrosis y mi tartamudes
Pero seguí adelante
Inteligente y llena de esperanza.
Soñando de un mejor mañana
Recipiente de un premio por
"Tener un Espíritu que Brilla"
Juguetona, chistosa, y con buen corazón
Si pudiera regresar el tiempo
Me diría a mí misma
Espera
Aguanta
Se pone mejor

High School/ La Prepa

High School

High school was a roller coaster of emotions. While I continued to enjoy school and strove to be the best, I struggled internally. I struggled with body dysmorphia, anxiety, and depression. The year after Kaylee was born I was eating an apple for breakfast and lunch, going to two hour swim practices, coming home, and binge eating. Nonetheless, as many adolescents do, I was still high-functioning and worked hard at school. I was in AP classes throughout my four years at Del Mar High School and graduated with a 3.8 GPA. I swam, I danced, and I was a regular high schooler. It was a time filled with emotion and changes.

It was also a time filled with sorrow and sadness as I discovered what it meant to be undocumented

La Prepa

La secundaria era una montaña rusa de emociones. Mientras seguí disfrutando de la escuela y me esforcé por ser la mejor, luché internamente. Luché con dismorfia corporal, ansiedad, depresión. El año después de que nació Kaylee, estaba comiendo una manzana para el desayuno y el almuerzo, yendo a dos horas de prácticas de natación, volviendo a casa y comiendo en exceso. Sin embargo, como lo hacen muchos adolescentes, todavía tenía un alto nivel de funcionamiento y trabajaba duro en la escuela. Estuve en clases de nivel universitario a lo largo de mis cuatro años en Del Mar High School y me gradué con un promedio de 3.8. Nadé, bailé y fui un estudiante regular de secundaria. Era un tiempo emocionante y lleno de cambios.

También fue un tiempo lleno de dolor y tristeza cuando descubrí lo que significaba ser indocumentada.

A sea of vanilla

I'm with different people
The classes are different
Fun but different
No one looks like me
No one lives like me
I am the brownie
In a sea of vanilla

I study
Do well
Honors, APs,
And extracurriculars
I receive guidance, resources, and help
For "students like me"

They believed in me
They said
"She has a future"
"She is smart"
"She will go to college"
I believed them

I can't help but wonder
"What would have happened
if someone had believed in the others?"

Un mar de vainilla

Estoy con diferentes personas
Las clases son diferentes
Divertidas pero diferente
Nadie se parece a mí
Nadie vive como yo
Un pan de chocolate
En un mar de vainilla

Yo estudio
Y hago bien
Honores y actividades extracurriculares
Recibo dirección, recursos, y apoyo
Para "estudiantes como yo"

Ellos creian en mi
"Ella tiene un futuro"
"Ella es inteligente"
"Irá a la universidad"
Así que creí en mi misma

Pero siempre me pregunto
"¿Que podría haber pasado?"
"Si alguien hubiera creído en los demas?"

A PUSH

In AP US History
My eyes were opened up

To the injustices that have prevailed through our country
Slavery, violations of rights, needless wars, exploitation,
and more

To the reason why we became #1
Public education, our diversity, entrepreneurship, innovation,
And more

We have been the best when we care
About our posterity, our workers, the planet
And each other

A PUSH

En la historia de Estados Unidos AP
Mis ojos fueron abiertos

A las injusticias que han prevalecido en nuestro país
Esclavitud, violaciones de derechos, guerras innecesarias,
explotación
Y más

A la razón por la que nos convertimos en el # 1
La educación pública, nuestra diversidad, emprendimiento,
innovación,
Y más

Hemos sido los mejores cuando cuidamos
A nuestra posteridad, nuestros trabajadores, el planeta
Y a cada uno

Home Sweet Home

Get in line!
But there isn't one…
You broke the law!
It's a civil violation…
You don't pay taxes!
Here is my ITIN…
You're illegal!
My existence is not…
Go back home!
I don't know where home is…

Mi dulce hogar

¡Pónganse en línea!
Pero no hay…
¡Es violado la ley!
Es una violación civil …
No pagas impuestos!
Aqui esta mi ITIN…
¡Eres ilegal!
Mi existencia no es …
¡Regresate a casa!
No sé dónde está mi hogar …

License of God

"When's your birthday?"
"August"
"Oh, so you have to wait!"
"Yeah…"
I smile and nod
Thankful not to have to tell the truth
"You haven't taken your test?"
"No, my parents don't want me to."
"I can't afford to…"
"Yeah! I got my license…it's in my other wallet…"
But I don't give up
No one can stop me
With God backing me up
I steal my dad's car
For 10 years I drive
With the License of God.

La licencia de Dios

"¿Cuándo es tu cumpleaños?"
"Agosto"
"¡Oh, entonces tienes que esperar?"
"Sí…"
Sonrío y volteo la cara
Agradecida de no tener que decir la verdad
"¿No has tomado tu prueba de manejo?"
"No, mis padres no quieren que lo haga"
"No tenemos el dinero…"
"¡Sí! Tengo mi licencia …está en mi otra billetera … "
Pero yo no me rindo
No me pueden parar
Con el apoyo de Dios
Yo tomo el auto de mi padre
10 años conduzco
Con la licencia de Dios

Truth

Everyday
So many
Lies
I don't even
Know anymore
What is the truth?

La verdad

Cada día
Tantas
Mentiras
Ya ni siquiera
Se
¿Cual es la verdad?

Sweet Dreams

Every night
Go to bed
Undocumented
Every morning
I wake up wondering
"Am I a citizen, yet?"

Sueña con los angelitos

Cada noche
Me acuesto
Indocumentada
Cada mañana
Despierto preguntandome
"¿Ya soy ciudadana?"

As a teenager...

I was always the girl
Who got her heart broken

I wasn't "pretty"
And definitely not hot

I was in love with my best friend
But he always dated someone else

I starved myself
For attention

I wanted so badly
To be one of them

<u>Como una joven...</u>

Siempre fui la chica
A quien le rompian el corazon

Yo no era "bonita"
Y definitivamente no guapa

Estaba enamorada de mi mejor amigo
Pero el siempre era el novio de otra

Yo me moria de hambre
Esperando atención

Yo queria tanto
Ser uno de ellos

Dreamer?

I am not a Dreamer
I am a Doer
When I dream I chase it and
Turn my dreams
Into a reality
So don't be fooled
Don't be led astray
Into thinking
That is all that you are
You are so much more
You deserve it all
Put one foot in front of the other
Take it one day at a time
Continue to dream
But do not forget to live

Dreamer?

No soy una _dreamer_
Soy una que Hace
Cuando sueño
Hago mis sueños realidad
Así que no te dejes engañar
No te dejes desviar
Pensado
Que "_Dreamer_" es todo lo que serás
Eres mucho más
Lo mereces todo
Pon un pie adelante de otro
Y toma un dia a la vez
Así que continua soñando
Pero no te olvides
De vivir

Turning Point

The summer after I graduated high school was full of blessings and tragedy. I was going to my dream school, but my mom's kidney function had reduced to 6%. This meant that her body was no longer able to clean her blood, and she needed to go to dialysis. She went to dialysis three days a week for six years. Never complained despite the pain and fatigue it caused her.

I don't think I ever really understood how deeply it affected me until I was in my late twenties, but I spent most of my early twenties running away from the pain and hurt I felt seeing my mom, my rock, in so much pain.

Cuando mi mundo cambio

El verano después de que me gradué de la prepa fue lleno de bendiciones y tragedia. Iba a la escuela de mis sueños, pero la función renal de mi madre se había reducido al 6%. Esto significaba que su cuerpo ya no podía limpiar su sangre y que tenía que someterse a diálisis. Ella fue a diálisis tres días a la semana durante seis años. Nunca se quejó a pesar del dolor y la fatiga que le causó.

No creo que realmente haya entendido lo profundamente que me afectó hasta que tuve unos veinte años, pero pasé la mayor parte de mi adolescencia huyendo del dolor y el dolor que sentía al ver mi madre, el apoyo de mi vida, en tanto dolor.

Hope Is The Last Thing To Die

I doubt
I worry
My mother reminds me
"Hope is the last thing to die."

La esperanza es lo último en morir

Yo dudo
Me preocupo
Mi madre me recuerda
"La esperanza es lo último en morir"

"Why do you think you're different?"

People often ask,
Are incredulous,
That I am
Who I am

That I could achieve
What I have achieved
With all of the barriers
I've had in my way

From an early age
I was told that I could
Never believed that I
Couldn't

All it takes is one person,
One individual,
To believe,
To light the fire

"¿Por qué crees que eres diferente?"

La gente siempre me pregunta,
Son incrédulos,
Que soy
Quién soy

Que pude lograr
Lo que he logrado
Con todas las barreras
Que he tenido en el camino

Desde temprana edad
Me dijeron que podía
Nunca crei en
"No."

Todo lo que se necesita es una persona
Un individuo que crea,
Que prenda
El fuego dentro de ti

Cinderella

"Karla, what's going on with Santa Clara?"
My high school principal asked
I say "I got in…but I can't go."
As tears ran down my cheeks
"Let's go and ask them for more scholarship money.
I'll go with you."
No money
But…
No money
But…
No money
"*Mija, ve a* San Jose State, then transfer"
"*El que quiere, puede*"
He who wants, can
I send my deposit to Santa Clara
along with a deposit
to San Jose State
Hope is the last thing to die
And then my fairy godmother appeared
heaven sent and led by my guardian angel
"Karla, my wife and I want to pay for your undergraduate
education,
Until your immigration stuff gets figured out."
I go to Santa Clara!
1 year,
2 year,
3, and 4
Graduation!
My dream became a reality!
Thank you, fairy godparents
For making me Cinderella

La cenicienta

"Karla, ¿qué está pasando con Santa Clara?"
Mi director de la secundaria me preguntó
"Entre…pero no puedo ir."
Con las lágrimas corriendo
"Vamos a pedirles más dinero en becas
Iré contigo."
No hay *money*
Pero…
No hay *money*
Pero…
No hay *money*
"Mija, ve a *San Jose State*, y luego te transfieres"
"El que quiere, puede"
Envío mi depósito
A Santa Clara
Y a *San Jose State*
La esperanza es lo último en morir
Y de repente mi hada madrina aparece
Guiada por la mano de mi angel guardian
"Karla, mi esposa y yo queremos pagar tu educación universitaria,
Hasta que se resuelva tu problema de inmigración."
Voy a Santa Clara,
1 año,
2,
3 y 4.
Y la graduacion!
Mi sueño se hizo realidad
Gracias a mi ada madrina y padrino
Me convertieron en
La cenicienta

Heroes not Villains

Do not vilify
My parents
Do not dress me up
In pretty words
I have made gold
Out of my parent's sacrifices
I owe everything
To *mami* and *papi*
You can't pick and choose
Which immigrant is "worth" helping
Saving one won't ease our
Anxiety and pain
Do not vilify my parents
They are heroes
They are champions
We are a family

Héroes no villanos

No hagan a mis padres
Villanos
No me vistan
En palabras bonitas
He hecho oro de los sacrificios
De mis padres
Se lo debo todo
A ellos
No pueden escoger y elegir
Cual inmigrante es "digno" de ayudar
Salvar a un grupo
No aliviará nuestra
Ansiedad y dolor
Haci que no vilifiquen a mis padres
Son heroes
Ellos son campeones
Somos una familia

<u>Illegal</u>

You call me "illegal"
But…

You've hosted my family for dinner and
Are my fairy godparents

I'll never understand
Why you do not acknowledge
My humanity

Ilegal

Me llaman "illegal"
Pero...

Han tenido a mi familia a cenar en su casa y
Son mis padrinos de hadas

Nunca entenderé
Por que no reconocen
Mi humanidad

Without Papers

Being undocumented means:

Getting a driver's license
Boarding a plane
Buying a home
Opening a bank account
Telling the truth
Is always a million times more difficult

Everyday you wonder…

What if my dad is stopped driving to work?
What if he doesn't get his 20+ years of social security?
If I am fired, where will I work?
Where can I go if I need medical care?
Is today the last day I will see my sister?
Why even bother?
Why doesn't anyone care?
Can I trust you?

I do not have an identity
An "alien" without the ability
To receive basic human rights

Sin papeles

Ser indocumentada significa:

Obtener una licencia para conducir
Abordar un avion
Comprar una casa
Abrir una cuenta bancaria
Decir la verdad
Es mil veces más difícil.

Todos los días te preguntas…

¿Qué pasa si detienen mi papá en rumbo al trabajo?
¿Qué pasa si no obtiene sus 20 años de seguro social?
¿Si me echan del trabajo, a donde podre ir?
¿Dónde puedo ir si necesito atención médica?
¿Hoy es el último día que veré a mi hermana?
¿Por qué a nadie le molesta?
¿Por qué a nadie le importa?
¿Puedo confiar en ti?

No tengo identidad
Soy una "extraterrestre" sin la habilidad
De recibir basico derechos humanitarios

Santa Clara University/

La Universidad de Santa Clara

Santa Clara University

I struggled a lot in my college years and twenties. I didn't know who I was, and I was far from comfortable in my own skin. My freshman year my mom began receiving dialysis because her kidneys has completely failed. With polycystic kidney disorder, your kidneys fill up with cysts and diminish your kidneys' functionality. It's an inherited disease and one that killed my grandmother. When my mom went on dialysis, my dad and I split up the responsibility of driving her to the center. Kaylee was four at the time, and three times a week we woke her up at 5 a.m., bundled her up, and carried her with us when we dropped my mom off. She never complained and got through it like a rockstar. My mother did this for six years. In March of 2012, during my first year of law school, she received a kidney transplant that saved her life.

For many years I carried guilt over the fact that with everything going on at home, my only wish was to be "normal." I wanted to party with my college friends and do everything they were doing even though their privileged lives were so different from mine.

La Universidad de Santa Clara

Luché mucho en mis años universitarios y mis veinte años. No sabía quién era y estaba leja de sentirme cómoda en mi propia piel. En mi primer año, mi madre comenzó a recibir diálisis porque sus riñones habían fallado por completo. Con un trastorno renal poliquístico, los riñones se llenan de quistes y disminuyen la funcionalidad de los riñones. Es una enfermedad heredada y mató a mi abuela. Cuando ella se sometió a diálisis, mi padre y yo dividimos la responsabilidad de llevarla al centro de diálisis. Kaylee tenía cuatro años en ese momento y tres veces a la semana la despertamos a las 5 a.m., la abrigamos y la llevamos con nosotros cuando dejamos a mi mamá. Ella nunca se quejó y lo superó como una estrella de rock. Mi madre lo hizo por seis años. En marzo de 2012, durante mi primer año en la escuela de derecho, ella recibió un trasplante de riñón que le salvó la vida.

Durante muchos años me sentí culpable por el hecho de que con todo lo que sucedía en mi hogar, mi único deseo era ser "normal". Quería festejar con mis amigos de la universidad y hacer todo aunque sus vidas privilegiadas eran tan diferentes a la mías.

The Lost 20's

Work hard,
Play hard,
They say
Study,
Eat,
Sleep,
And drink
They are not like me
Babysitter,
Chauffeur,
Translator
And Case Manager
All I want to do is be normal
So I join
The fun
Parties, drinks, and more
Late nights
Painful mornings
Thinking
This is life
So lost
So scared
No direction
No life
I don't regret it
I did the best I could
I needed to learn
That is not life

Perdida y 20

Trabaja duro,
Juega duro,
Ellos dicen
Estudiar,
comer,
dormir,
y beber
Ellos no son como yo
Niñera,
Chofer,
Traductora
Y manejadora de mi madre
Todo lo que quiero hacer es ser normal
Así que me uno
A la diversión
Fiestas, bebidas, y más
De noche a amanecer
Mañanas dolorosas
Pensando
¿Esto es vivir?
Perdida
Asustada y
Sin dirección
Esto no es vivir
No me arrepiento
Hice lo mejor que pude
Necesitaba aprender
Eso no es vivir

Was I scared?

I am always asked,
"But weren't you scared?"
I wanted it so badly
I didn't have time to be scared

¿No tenías miedo?

Siempre me preguntan,
"¿Pero no tenías miedo?"
Lo quería tanto
No tuve tiempo de tener miedo

Chasing the Accolades

I wanted
To be the best
To have the best
I deserved it
Being undocumented wasn't the best
I couldn't even "be"
So I chased the accolades
Thinking
"If I become SO GREAT
They will have to make me a citizen!"
That's not the way the world works
Depressed
Anxious
Lost
And terribly unhappy
Why?
I had it all.
I forgot life isn't about chasing accolades
Life is…
Life, liberty,
And the pursuit of happiness.

Persiguiendo los reconocimientos

Yo queria
Ser la mejor
Tener lo mejor
Como todos los otros
Y ser indocumentada no es lo mejor
Ni siquiera "soy"
Así que perseguí los elogios
Pensando
"Si soy TAN GRANDE
Tendrán que hacerme ciudadana!"
Esa no es la forma que funciona el mundo
Deprimida
Ansiosa
Perdida
Y terriblemente infeliz
¿Por qué?
Lo tenía todo
Olvidé que la vida no se trata
De perseguir elogios
La vida es vida, libertad,
Y la búsqueda de la felicidad

Law School/ La escuela de derechos

Law School

After much reflection, I understand that the reason I decided to go to law school was because I never believed I couldn't have that which I wanted to have. I knew I was different because I couldn't get my driver's license or travel abroad like my friends, but I was stubborn. I refused to believe that I could be prevented from going after my goals and wishes. When my friends were taking the LSAT my junior year of college, I couldn't bring myself to study. Everytime I opened my preparation books, I cried. Hindsight is 20/20 and now I understand that I was suffering from imposter syndrome. I didn't believe I could get in.

I went on to become a middle school teacher at Sacred Heart Nativity Schools, a private school for low income, at-risk youth, who are 100% Latino. While the school was funded by the Jesuits and donors, their families were were plagued by social issues ranging from immigration to landlord/tenant issues, and more. I was able to direct them to resources and attorneys who could help them, but always felt ill-equipped because I did not have a legal background to help. It was then that I began to believe in myself. I began to believe I could do it and nothing should or could stand in my way of receiving that education. Sounds easy, right?

It was so difficult and full of trials and tribulations (no pun intended) but the whole experience transformed me into a stronger woman and I would not change it for the world.

La escuela de derechos

Después de reflexionar, entiendo que la razón por la que decidí ir a la escuela de derechos fue porque nunca creí que no podía tener lo que quería tener. Sabía que era diferente porque no podía obtener mi licencia de conducir ni viajar al extranjero como mis amigos, pero era obstinado. Me negué a creer que se me pudiera impedir perseguir mis metas y deseos. Cuando mis amigos tomaban el LSAT en mi tercer año de la universidad, no podía estudiar. Cada vez que abría mis libros de preparación, lloraba. La retrospectiva es 20/20 y ahora entiendo que sufría de el síndrome de impostor. No creía que pudiera entrar.

Entonces trabaje como maestra de secundaria en las Escuelas de *Sacred Heart*, escuelas privada para jóvenes de bajos ingresos y a riesgo.100% de mis estudiantes son Latinos y sus familias estan plagadas de problemas sociales como la inmigración, propietarios y inquilinos, y más. Pude dirigirlos a recursos y abogados que podían ayudarlos, pero siempre me sentí mal equipado porque no tenía educacion legal. Fue entonces cuando comencé a creer en mí misma. Comencé a creer que podía hacerlo y que nada debía o podía obstaculizar que yo recibiera mi educación. Se escucha fácil, ¿no?
Fue difícil y lleno de pruebas y tribulaciones pero toda la experiencia me transformó en una mujer más fuerte y no lo cambiaría por nada del mundo.

Dream a little bigger

I got into law school!
"But you can't afford it"
I got into law school!
"But you won't be able to work"

I run
Before I walk
I jump
Before knowing where I'm going to land

Apply, apply, apply
Tell my story, story, story
For money, money, money
$100,000+!

I received a JD!
I made my own ride

Sueña un poco mas grande

¡Entre a la escuela de derechos!
"Pero no la puedes pagar"
¡Llegué a la escuela de leyes!
"Pero no podrás trabajar"

Corro
Antes de caminar
Salto
Antes de saber dónde voy a aterrizar

Aplico, aplico, aplico
Cuento mi historia, historia, historia
Para que me den dinero, dinero, dinero
$ 100,000 +!

¡Recibi un *JD*! ¡Aterrize!
Y me hice mi propia salvación

January 20, 2012
It was the night
Uncle Greg opened my eyes
And helped me see
I was the victim of DV

I was crying more
Than I was smiling
Hurting more
Than I was loving

So, I ended it
Deciding to take flight
Didn't want to fight
But I had no idea

The terror that would ensue
Threats to deport my family and I
Attempts at blackmail and intimidation
Horror, fear, and despair

I didn't know what to do
Months went by
The PTSD subsided
And I thought the nightmare was over

Until you showed up on my doorstep in 2015
Demanding to know and barging in on my life
But I was stronger
I told you to leave and never come again

I called the police and
They told me what you had done
To her
Another victim

It is five years since
And my faulty memory serves me well
I no longer rememeber you

20 de enero del 2012
Fue la noche
Que el tío Greg me abrió los ojos.
Y me ayudo a ver que
Era víctima de DV

Yo estaba llorando mas
Que lo que estaba sonriendo
Me dañabas más
Que me amabas

Así que lo terminé
Decidiendo tomar vuelo
No quería pelear
Pero no tenia idea

El terror que sobrevendría
Amenazas de deportar a mi familia y yo
Intentos de chantaje e intimidación.
Terror, miedo y desesperación

No sabia que hacer
Pasaron los meses
El trastorno de estrés postraumático disminuyó
Y pensé que la pesadilla había terminado

Hasta que apareciste en mi puerta en 2015
Exigiendo entrar a mi vida.
Pero yo era mas fuerte
Te dije que te fueras y que nunca volvieras

Llamé a la policía y
Me contaron lo que le habías hecho.
A ella
Otra victima

Han pasado cinco años
Y mi memoria defectuosa me sirve bien.
Ya no te recuerdo

Scales and blindfolds

They break you
To rebuild you
Into someone
Strong
A new person

That thinks different
Issue, Rule, Analysis, Conclusion
What an efficient way to think!
Loneliness becomes your best friend

It's YOUR work, blood, sweat and tears
YOUR own failures but also
YOUR triumphs

Vendas y escalas

Te quebran
Para reconstruirte
En alguien
Fuerte
Una nueva persona

Que piensa diferente
Tema, Regla, Análisis, Conclusión
¡Que manera más eficiente de pensar!
La soledad se convierte en tu mejor amigo

Es TU trabajo, sangre, sudor y lágrimas
TUS propios fracasos pero tambien
TUS triunfos.

My people

I found my people
Anxious, neurotic, and tough
Who believe in
Truth, justice, and liberty
We came in
Quixotic, bright-eyed, and bushy tailed
And we were broken down
Forced to think, write, and be different
We share the ultimate bond
Having been through
Hell and back
They are the greatest gift from having attended law school

Mi gente

Encontré a mi gente
Ansiosos, neuróticos y fuerte
Quien creen en
La verdad, justicia y libertad.
Quijotescos, con los ojos brillantes y con la cola menando.
Y nos derribaron
Obligandonos a pensar, escribir, y ser diferente
Compartimos el enlace definitivo.
Habiendo ver pasado
Al infierno y de vuelta
Son el regalo mas grande de la escuela de derechos

Anxiety

Anxiety
Is a bitch

She sneaks up on you
Hides behind a mask
Untamable
All-destructing

She has damaged
Relationships
Caused accidents
And doesn't care

And the funny thing is
You cannot
Run away
And it cannot be conquered

You learn to
Befriend it
Keep it close
And understand it

In the hopes
That one day
You will be
Free

La ansiedad

La ansiedad
Es una perra

Te acecha
Y se esconde detrás de una máscara
Indomable
Toda destructiva

Ha dañado
Relaciones
Y causó accidentes
Sin que le importe

Y lo gracioso es
Que no se puede
Huir
No puede ser conquistada

Aprendes a
Hacerte su amiga
Mantenerla cerca
Y entenderla

Con la esperanza
Que un día
Serás
Libre

The California Bar

14 subjects
In your head
For 3 days
You must always continue
To prove yourself
To compete
It's correct
But not the best
Never enough
Endless days
Full of terror
Doubt and insecurities
Sleepless nights
Bloody noses
Numbness
But the worst
Isn't over
The worst
Is the wait
A quarter of a year
Waiting helpless, impotent, and
scared
Then you find out with a bottle of wine ready
To celebrate?
To drown?

La Barra de California

14 sujetos
En tu cabeza
Por 3 días
Siempre debes continuar
De demostrarte
Competir
Esa respuesta es correcta
Pero no es la mejor
Nunca es suficiente
Días interminables
Llenos de terror
Duda y inseguridades
Noches sin dormir
Narice sangrienta
Entumecimiento
Pero lo peor
No ha terminado
Lo peor es la espera
Un cuarto del año
Esperando
Indefensa y Impotente
Y llega el día, botella de vino listo
¿Celebramos?
¿Tomamos?

The Darkness

How could I stop doing what
I had worked so hard to achieve?
Every morning I would open my eyes
Waiting until I could close them again

I hate that I am not
Everything
Everyone
Has wanted me to be

I walk to work and cross the street
Hoping that I don't make it across
That day I sit in my office
And cry uncontrollably at my grand mahogany desk

"I have failed.
I don't think I can do this anymore."
I reach out to everyone
Because I am scared

I claw for survival
Barely hanging on
Doctor, therapists, hotlines, and friends
Keep me afloat

And then I make the changes I need to
For my health, for myself, for my life
Boys, jobs, and priorities change
And slowly I improve

Now I enjoy the sun rise
Enthusiastic to work
Happy to be alive
And ready to live

La oscuridad

¿Cómo podría dejar de hacer lo qué?
¿Había trabajado tan duro para lograr?
Cada mañana abría los ojos
Esperando hasta que pudiera cerrarlos de nuevo.

Odio no ser
Todo lo que
El mundo
Quiere que sea

Camino al trabajo y cruzo la calle
Con la esperanza de que no logre cruzar
Ese día me siento en mi oficina
Y lloro incontrolablemente en mi gran escritorio de caoba.

"He fallado.
No creo que pueda seguir."
Le mando mensaje a todos
Porque tengo miedo

Garro para sobrevivir
Apenas colgando
Médicos, terapeutas, líneas directas y amigos.
Me mantienen a flote

Y luego hago los cambios necesarios
Para mi salud, para mi misma, y por mi vida.
El novio, mi empleo y mis prioridades cambian
Y poco a poco mejoro.

Ahora disfruto la salida del sol
Entusiasta de trabajar
Feliz de estar viva
Y lista para vivir

Happiness is...

Happiness is ever-present
The pursuit lies
In the events and journey
That gets you to the recognition
That happiness is in your hands,
In your control,
And can never be taken from you

La felicidad es...

La felicidad está siempre presente
La busqueda existe en
Los eventos y la jornada
Que te llevan al reconocimiento.
Que la felicidad está en tus msanos,
En tu control,
Y nunca te la pueden quitar

Chasing Sunsets

Never did I ever think I could
Never did I ever think it would be
I hoped and I made
The magic my reality
The view from the clouds is grand
Is beautiful
It's not something
I ever want to stop
For years I was caged in
For years I was tied up
For years I couldn't leave
For fear of never coming back
I still can't leave
So, I explore what I can
The wild Arizona landscape
Beaches of Miami
Weather of San Diego
Temple in Salt Lake
The foliage in Boulder
Our foundations in Boston and Philly
And then I fly
Chasing Sunsets
To my
Home Sweet Home

Persiguiendo el sol

Nunca pensé
Que yo podría hacerlo
Tenía la esperanza de y hice la magia
Mi realidad
La vista desde las nubes es grandiosa
Es bonita
No es algo que
Alguna vez quiero parar de ver
Durante años estuve enjaulada
Durante años estuve atada
Durante años no pude irme
Por miedo a no volver jamás.
Todavía no puedo irme
Así que aprovechó y exploró lo que pueda
El paisaje salvaje de Arizona
Las playas de Miami
El clima de San Diego
El Templo en Salt Lake
El follaje en Boulder
Nuestras fundaciones en Boston y Filadelfia.
Y luego vuelo
Persiguiendo el sol
Para ir a mi
Hogar
Mi dulce hogar

I Am Scared

I am scared to lose it all
To say goodbye to the ones I love
Mother,
Father,
Sister,
Friends,
Coworkers,
Professors,
And students...
My Job
The place I thrive
My home
Filled with so many memories
My
Self
Am I
American?
I am scared
To be No One

Tengo miedo

Tengo miedo de perderlo todo
A tener que decirles adiós a los que yo quiero
Madre,
Padre,
Hermana,
Amigos,
Compañeros de trabajo,
Profesores,
Mis estudiantes
Mi trabajo
El lugar donde prosperó
Mi hogar
Lleno de tantos recuerdos
¿Quien Soy
Yo?
¿Americana?
Tengo miedo
De ser nadie

Family/La familia

Family

My family is central to my life. In Latino culture, collectivism is valued over individualism. It is the reason why my parents came to the United States despite not knowing the language, customs, or culture of a foreign country. I would never have achieved my successes without the love and support of my parents and sisters. In the same way, my sister and I have helped my parents navigate the United States. We are there for them and they are there for us too. We are lucky and fortunate to have one another and our individualistic goals have been achieved because of our collectivist approach at life

La familia

Mi familia es central a mi vida. En la cultura latina, el colectivismo se valora sobre el individualismo. Es la razón por la que mis padres vinieron a los Estados Unidos a pesar de no saber el idioma, las costumbres o la cultura de un país extranjero. Nunca hubiera logrado mis éxitos sin el amor y el apoyo de mis padres y hermanas. De la misma manera, mi hermana y yo hemos ayudado a mis padres a navegar por los Estados Unidos. Nosotros estamos ahí para ellos y ellos están ahí para nosotros. Somos afortunados de ternerlos y ellos estan afortunados de tenernos a nosotros. Nuestros objetivos individualisticos se han logrado gracias a nuestro enfoque colectivista en la vida.

What Will I Do Without You?

We crossed the border together
and for so long did everything together
Mami and I laugh…a lot
Mami and I walk…a lot
She doesn't drive but she has a Dodge
Dodge *patas*
To church, the houses she cleans, grocery store…
Everywhere!
At Christmas time
Mami and I make *tamales*,
Pozole,
Ponche y champurrado
When I'm sad she says
"Este dedito te haces reir"
When I'm mad she says
"¡Dame la camara! ¡Te voy a tomar una foto!"
Always hopeful, uplifting,
Positive, and full of joy
Making new friends
Everywhere she goes
My charisma
comes from you
My laughter, deep-hearted and full,
comes from you
I still worry about what one day
Will come true
But you will always be with me
Everywhere I go and in everything I do

¿Qué voy a hacer sin ti?

Cruzamos la frontera juntas
Y por tanto tiempo hicimos todo juntas
Mami y yo nos reímos…mucho
Mami y yo caminamos…mucho
Ella no conduce pero tiene un *Dodge*
Dodge patas
A la iglesia, las casas que limpia, la tienda,
A todos lados!
Cuado es Navidad
Mami y yo hacemos tamales,
Pozole,
Ponche, y champurrado
Cuando estoy triste ella dice…
"Este dedito te hace reir"
Cuando estoy enojada ella dice
"¡Dame la cámara! ¡Te voy a tomar una foto!"
Siempre con esperanza,
Positiva y llena de felicidad
Ella hace amigos
Por todo el lado
Mi carisma
Viene de ti
Mi risa profunda y fuerte
Viene de ti
Todavía me preocupo
Del día que vendrá ciertamente
Pero ahora sé que siempre estaras conmigo
A donde vaya y en todo lo que haga

The Luckiest Days

March 16th I got a call
"There is a kidney!
Your mom is on her way
To the hospital."
Stunned and Shocked but
No time for fear
On the drive up
My sister and I hold each other crying
At the hospital
I hold my mom's hand through the night
March 17th
We wake up with no time to waste
The surgery will be 6 hours because
"it's complicated"
I tell her
"Todo va a salir bien."
As they wheel her out
I walk alongside
She holds my hand
She never shows fear until now
"Please take care of my baby."
"No te preocupes." I said
I tell them, "Please keep her safe."
They promise me she will be just fine
So I go back to the room
I curl up on her bed and
Cry incessantly
Finally able to feel
Time passes by and I'm awakened by a nurse
"Your mom is safe."
Six years of pain, agony and hurt,
Gone.
St. Patrick kept her alive and safe
She now celebrates two birthdays
Two days
Our luckiest days

Los dias mas afortunados

El 16 de marzo me llega una llamada
"Hay un donante!
Tu mamá está en rumbo
Al hospital."
Aturdida y Conmocionada
Pero no hay tiempo para tener miedo
Durante la manejada
Mi hermana y yo nos abrazamos
En el hospital
Abrazo a mi mamá
El 17 de marzo
Despertamos y no hay tiempo que perder
La cirugia va hacer 6 horas porque
"esta complicado"
Le digo "Todo va a estar bien".
Mientras vamos en camino
Yo camino a su lado y
ella me da la mano
Ella nunca mostra miedo
hasta este momento
"Por favor cuida a mi bebé".
"No te preocupes" le digo
Yo les pido a los doctores,
"Porfavor me la cuidan."
Ellos me prometen que ella estará bien
Vuelvo al cuarto
Me acurruco en su cama y lloro
Por fin con habilidad de sentir
El tiempo pasa y me despierta la enfermera
"Tu mamá está a salvo."
Seis años de dolor, agonía, y heridas
Desaparecen
San Patricio la mantuvo con vida y salvo
Ella ahora celebra dos cumpleaños
Dos días
Los días más afortunados

Who is worthy?

No life
is worth more
than another
Rich
Poor
Citizen
Or not
We all suffer
We all hurt
We all feel
The same way

¿Quién tiene valor?

No hay vida
Que valga mas
que otra
Rico
Pobre
Ciudadano
O no
Todos sufrimos
Todos dolemos
Todos sentimos
De la misma manera

Healthcare

My dad works hard to ensure
Working a job that he hates
For the family
He loves
Private insurance is
A luxury
Magic
He makes come true
Did we wait in line
For a kidney?
Six years
She did
She suffered
She hurt
She felt
For six years
Thankful
My dad's love
So powerful
It makes "magic"

La salud medica

Mi papá trabaja duro
En un trabajo que no le gusta
Para asegurar
La salud de su familia
Seguro privado es
Un lujo
Magia
Que el hace realidad
¿Esperamos
Para un riñón?
Seis años
Ella espero
Ella sufrió
Ella le dolio
Ella sintió
Por seis años
Estamos agradecidos
Que el amor de mi papá
Es tan poderoso
Que hace "magia"

Kaylee

Stubborn
Determined
Impassioned
And Strong
I love your giggles
Your joy in the world
The kindness in your heart
Pure, unaltered, and whole
Careful, Cautious, and Peaceful
All you do is with thought
All you do is with love
God help, the one who tells you, "No"
But you're growing and it hurts
To see you need me less and less
But I don't worry and am eager to see
The person you grow to be

Kaylee

Cabeza dura
Determinada
Apasionada
Y Fuerte
Me encantan tus risitas
La bondad en tu corazón
Puro, sin castigar, y lleno
Cuidadosa, Cautelosa, y Con Paz
Todo lo que haces es con pensamiento
Todo lo que haces es con amor
Que Dios ayude, a el que te diga que "No."
Estas creciendo y duele ver
Que me necesitas cada vez menos
Pero no me preocupo y no me aguanto en ver
La persona que vas a crecer a ser

My Little Sister

My Little Sister
Is not so little
She is wiser
Than I ever was
She is proud of her curves
Dances to the beat of her own drum
And knows exactly who she is

When I grow up I want to be like
My little sister

Mi hermanita

Mi hermanita
No es tan *"ita"*
Ella es mas sabia
Mas que lo que yo fui
Ella está orgullosa de sus curvas
Baila al ritmo de su propio tambor
Sabe exactamente quien es

Cuando crezca
Yo quiero ser como mi hermanita

My Best Friend

From wiping your butt
To wiping your tears
As you grew
We became glue
Swing, Slides, and Playgrounds Galore
SpongeBob, Dora, Minions and more
Metamorphosized into
YouTube, Sephora, and the mall
From explanations
To discussions
Disagreements
To debates
You are my best friend
The one I tell all
Your pain is mine
My pain is yours
We share the same blood
But are united through soul

Mi mejor amiga

De limpiar tu trasero
A limpiar tus lágrimas
A medida que creciste
Nos hicimos pegamento
Columpios, Resbaladillas, y Patios de recreo
Spongebob, Dora, Minions y más
Metamorfoseando
A *Youtube, Sephora, y* el centro comercial
De explicaciones
A discusiones
De Desacuerdos
A debates
Eres mi mejor amiga
A la que le cuento todo
Tu dolor es el mío
Mi dolor es el tuyo
Tenemos la misma sangre
Pero somos unidas a través del alma

The Last 5 Years/Los ultimo 5 años

The Last 5 Years

The last 5 years can be summarized in one word: growth. I went to law school, graduated law school, took the bar, was sworn in as an attorney, practiced law, traveled to new states, turned 30 (!) and helped as many as I could. In 2018, after over 25 years, my parents boarded a plane and as a family we had our first out-of-state vacation. It was also the year I was unsuccessful in my first attempt at the bar, I lost a dear friend in my third year of law school, and fell into a deep depression. I had the lowest lows and the highest high during this time. From these experiences, I grew stronger, learned what was important to me, and focused on becoming the best version of me. I can't wait to see what the future holds for me!

Los ultimo 5 años

Los últimos 5 años se pueden resumir en una palabra: crecimiento. Fui a la escuela de derechos y me gradue, tomé la barra, hice mi juramento para ser abogada, practique leyes, viajé a nuevos estados, cumplí 30 años (!) y ayudé a toda la gente que pude. En 2018, después de más de 25 años, mis padres abordaron un avión y como familia tuvimos nuestras primeras vacaciones fuera del estado. También fue el año en que no tuve éxito en mi primer intento en la barra, perdí a una querida amiga en mi tercer año de la escuela de derechos y caí en una profunda depresión. Tuve los mínimos más bajos y los máximos más altos durante este tiempo. A partir de estas experiencias, crecí más fuerte, aprendí lo que era importante para mí y me centré en convertirme en la mejor versión de mí. ¡No puedo esperar a ver lo que me depara el futuro!

The American Dream

It will be more difficult
To get permanent residency
Let alone citizenship
Than it was
To be sworn in as an attorney

El sueño americano

Sera mas dificil
Obtener la residencia permanente
Y ni hablar de la ciudadania
Que fue
Hacerme abogada

Hard work

I have had to earn
Everything that I have

Studied hard and for many hours
To earn my law license

Sweat gallons through Insanity
To get to a healthy weight

Submitted countless applications
To get to my dream job

Saved for years
To afford a Hawaiian family vacation

But I cannot earn a vote
I cannot earn a voice

In a country that values hard work
My hard work means nothing

Trabajo duro

He tenido que trabajar duro por
Todo lo que tengo

Estudié mucho y durante muchas horas
Para obtener mi licencia de derecho

Sude galones a través de *Insanity*
Para llegar a un peso saludable

Envie innumerables aplicaciones
Para llegar a mi trabajo ideal

Ahorre por años
Para pagar unas vacaciones familiares a Hawaii

Pero no puedo trabajar para obtener un voto
No puedo trabajar para tener una voz

En un país que valora el trabajo duro
Mi trabajo duro no significa nada

Quinceañera

At your quinceañera
You became a woman
At your quinceañera
I awoke

As you danced the waltz with dad
It dawned on me
I was happy
I found worth in my life

What I had searched for, for so long
Had been right in front of me
Happiness was
Gratefulness

In my family
In my friends
In my day-to-day
In my life

As you became a woman
I came alive

Quinceañera

En tu quinceañera
Te convertiste en una mujer
En tu quinceañera
Yo desperté

Mientras bailabas el vals con papá
Me di cuenta
Que yo era feliz
Que mi vida tenia valor

Lo que había buscado durante tanto tiempo
Habia estado enfrente de mi
La felicidad es
Agradecimiento

En mi familia
En mis amigos
En mi dia a dia
En mi vida

A como te hiciste mujer
Yo empecé a vivir

Being 30

I know who I am
I know what I stand for
I know what I like and
I know what I want

More importantly…
I know who I'm not
What I don't value
And dislike

There is a beautiful confidence
That comes with age
And assurance that
There is no need to rush

Everything has its time
And everything will be
The focus is
All on me

Ser 30

Yo sé quién soy
Sé lo que es importante para mi
Se lo que me gusta y
Lo que quiero

Más importante…
Yo se quien no soy
Lo que no valoro
Y no me gusta

Hay una hermosa confianza
Que viene con la edad
Y la seguridad que
No hay necesidad de precipitarme

Todo tiene su tiempo
Y todo será
Mi enfoco es en
Mi

The Worst Nightmare

My mamá always told me,
"Tell me about your dreams.
Once you tell someone,
The spell is broken and they cannot come true."

The night of the 2016 election
I cried myself to sleep
I cried in my sleep
I cried

My family was torn apart
And we were forced
To board a train
To Mexico

Dirt covered tracks
Air filled with smoke
I dangled my arms through the window
Grasping to be free

I woke up
Gasping for air
And still find myself
Unable to breathe

La peor pesadilla

Mi mamá siempre me decía:
"Cuéntame tus sueños.
Una vez que le digas a alguien,
El hechizo está roto y no pueden hacerse realidad ".

La noche de las elecciones.
Lloré hasta dormirme
Lloré mientras dormía
Lloré

Mi familia fue destrozada
Y nos vimos obligados
A bordar un tren
A Mexico

Pistas cubiertas de tierra
Aire lleno de humo
Yo colgué mis brazos por la ventana
Buscando libertad

Me desperté
Con falta de aire
Y aun me encuentro
Incapaz de respirar

Marriage

"Don't you want to get married?"
Being thirty and thriving
Is not enough without a man
To them

I want to be married but…
When I get married,
It's going to be a forever,
Through thick and thin,
In sickness and in health
Crazy, passionate, can't-keep-my-eyes-away,
Can't-keep-my-hands-off,
Want to do everything with you,
Married

Life is about more
than a green card
Settling
Doesn't suit me

I am enough
My life is not defined by my companion
When I find love
I will get married

El Matrimonio

"¿No quieres casarte?"
Tener treinta años y estar prosperando
No es suficiente sin un hombre.
Para ellos

Quiero casarme pero ...
Cuando me case,
Va a ser para siempre,
Superando juntos cualquier dificultad,
En la enfermedad y en la salud
Loco, apasionado,
Sin poder controlar nuestras manos,
Y con quien quiero hacer todo con,
Casada

La vida es mas
Que una *green card*
Nunca he estado contenta
Asentadome con menos de lo que merezco

Yo soy suficiente
Mi vida no está definida por mi compañero.
Cuando encuentre el amor
Me casare

Fail

Fail so hard
Fail a million times
Make it sure hurts
And that you ache inside
Then get up
Learn and work
The growth is in this process
Then succeed
Succeed so much that
Your smile
Your triumphs
And your joy
Light up the world

El fallar

Falla tan fuerte
Falla un millón de veces
Asegúrate que te entristenzca
Y que te duela por dentro
Y despues levantate
Aprende y trabaja duro
El crecimiento está en este proceso.
Entonces triunfa
Ten tanto éxito que
Tu sonrisa
Tu exito
Y tu alegria
Ilumina el mundo

Perspective

I am an epic failure
By all accounts
I didn't pass the bar on the first try
I don't make millions in my fancy firm
I haven't lost my love handles
I am still single
And can't even make my brain work
I am the black sheep
But darkness never defined me
And that's not how I view life
I conquered the bar
I love my job
I am proud of my curves
I learned to love myself but most importantly
To be kind to myself
The most important lesson of all
And as I grow
My light shines brightest of all

La perspectiva

Soy un fracaso épico
Por todas las cuentas
No pase la barra mi primera vez
No hago millones
Todavia estoy panzona
Estoy soltera
Y ni trabaja mi cabeza
Yo soy la oveja negra
Pero la oscuridad nunca me ha definido
No veo la vida haci
Yo conquisté el examen del *bar*
Amo mi trabajo
Estoy orgullosa de mis curvas
He aprendido a amarme pero mas que nada
Ahora soy cariñosa
Con mí misma
La lección más importante
A medida que crezco de mis fracasos.
Mi luz es la más brillante.

Defining Me

Who? What? Where? When?
And in what circumstances
You were born in
Does not define you
Do not let the world
Define you
Do not let the world
Tell you, "No"
You want something?
Go.
Don't ever look back
Ask for forgiveness,
Don't ask for permission
Now go.
Be who you want to be
Go after what you want
Define *yourself*

Definete a ti misma

¿Quien? ¿Qué? ¿Dónde? ¿Cuando?
Y en qué circunstancias
Tu naciste
No te define
No dejes que el mundo
Te defina
No dejes que el mundo
Te diga "No"
¿Quieres algo?
Ve. Consíguelo.
Nunca mires atrás
Pide perdón,
No pidas permiso
Ahora ve.
Se quien quieres ser
Ve por lo que quieras y
Definete *a ti mismo*

<u>Mute</u>

Advocacy
Runs through my blood

Speaking my mind
Left and right
And yet
Here I am

Mute

Muda

Abogacía
Corre por mi sangre

Digo mi opinion
No importa donde sea
Pero
Aquí estoy

Muda

American

I am American
I listen to country music,
Love fried food, summer state carnivals, and the 4th of July
I speak English better than I speak Spanish
And have been called "white washed" a million times
But those aren't the reasons why

I have pulled myself up from my bootstraps
Without ever having had boots
I believe we should uphold the values represented by the
Statute of Liberty
And I know that we are already great
Because diversity is our strength

I believe in the US
I believe in US
I believe we are not who we have become
But the beauty of this country
Is we can grow and migrate away from
The hate, animosity, and divide
Let us immigrate towards a brighter future
Let us become immigrants

Americana

Soy Americana
Escucho musica *country*
Me encanta la comida frita, los carnavales estatales de verano y el
4 de julio
Hablo el ingles mejor de lo que hablo español
Y he sido llamada *"white-washed"* un millón de veces
Pero esas no son las razones porque

Me he levantado de mis botas.
Sin haber tenido botas
Creo que deberíamos defender los valores representados por la
Estatuata de la Libertad
Y sé que somos poderozos
Porque somos diversos

Creo en los EE.UU
Creo en nosotros
Creo que no somos quienes nos hemos convertido
Pero la belleza de este país es que
Podemos crecer y migrar lejos
Del odio, la animosidad, y la división.
Emigramos hacia un futuro más brillante
A que ser inmigrantes

Epilogue/Epilogo

Epilogue

No life is worth more than another. Consequently, there is no reason why you deserve less than anyone else. I urge you to keep moving forward. Put pfoot in front of the other, crawl if you have to, but keep going after what you want. I firmly believe the world conspires to help you in your journey, although the journey may be different than what you believed it would be. It may not happen today, tomorrow, or within the next year but it will if you keep moving forward.

Epilogo

Ninguna vida vale más que otra. En consecuencia, no hay ninguna razón por la que merezcas menos que otra persona. Te insisto que sigas avanzando. Pon el pie delante del otro, arrastrate si es necesario, pero sigue adelante. Creo firmemente que el mundo conspirara para ayudarte en tu jornada, aunque el viaje puede ser diferente de lo que creías que iba ser. Puede que no ocurra hoy, mañana o dentro del próximo año, pero lo hará si sigues avanzando.

"America is too great
for small dreams"
- President Regan

"América es demasiado grande
para pequeños sueños " El President Regan

Made in the USA
Las Vegas, NV
15 April 2024